LA
Fortune Rapide et Certaine

PAR LA

SPÉCULATION AUX JEUX

Dits de Hasard

LES COURSES DE CHEVAUX, L'ÉCARTÉ

LE BACCARAT, LA ROULETTE & LE TRENTE & QUARANTE

PAR

Eugène TROR

Mathématicien

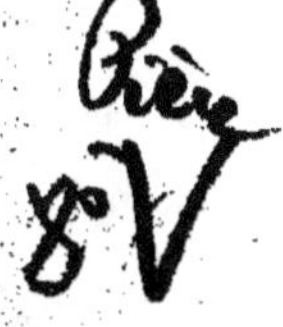

Préface

Les jeux de hasard ont existé dès la plus haute antiquité. Beaucoup de joueurs se sont ruinés, on connait quelques exemples de fortune soudaine qui n'avait pas d'autre origine qu'un bonheur persistant au jeu.

La chance s'est montrée rebelle aux sollicitations du plus grand nombre, mais le hasard seul a-t-il été l'artisan de leur malheur?

Nous croyons que la Fortune ne s'est plu à accabler de ses rigueurs impitoyables qu'un nombre infime de joueurs, mais que la sottise de la grande masse des gens dits malchanceux a seule causé leur ruine.

Beaucoup ont accepté des combinaisons de jeux trop favorables à leurs adversaires; les exemples de paris absurdes sont innombrables; d'autres, sans méfiance ou de faible caractère, se sont laissé dépouiller par des escrocs de profession ou par de prétendus amis sans vergogne.

Le vain désir de paraître beau joueur, l'ivresse, les femmes ont servi les tenanciers des maisons de jeux dans une proportion incomparablement supérieure à celle du zéro à la Roulette ou du refait au trente et quarante.

Nous n'intéresserons pas les insensés qu'une force invincible pousse à jeter leur or sur les tapis verts et dont l'esprit paresseux et impatient compte recevoir de cette divinité imprécise, de cette dixième muse " **La Chance** " une inspiration merveilleuse qu'ils croient leur être due.

Certes, nous ne convertirons pas ces joueurs de tempérament, mais nous avons l'espoir que notre travail sera profitable au spéculateur prudent et intelligent. Ce dernier n'attend rien de bon du pur hasard et pense que toute fortune durable ne peut s'acquérir sans effort, sans patience.

C'est donc à ce seul spéculateur que nous nous adressons.

Or on ne spécule pas contre un individu. Nous écarterions donc toute étude sur le jeu à deux personnes, si nous ne voulions mettre le lecteur en garde contre quelques joueurs trop habiles à l'Écarté ou au Baccarat.

Celui-là est un malhonnête homme qui, se sachant habile, joue de l'argent contre un adversaire qu'il sait naïf ou maladroit. Sous une forme moins brutale, il ne fait pas autre chose que le bandit qui, au coin d'un bois sombre et désert, attend, l'escopette au poing, sa victime désarmée.

Nous ne voudrions rien faire pour fournir des armes à ces gens sans scrupules qui sont très nombreux.

Mais dans un cercle, dans une maison de jeux, la situation pour notre spéculateur est bien différente.

Ces établissements cherchent à attirer le public par de fantastiques réclames, par l'annonce de fêtes splendides. Les Banques s'attribuent ouvertement un avantage [*la cagnotte, le zéro, le refait, etc.*] qui doit, pensent-elles, leur assurer la victoire en fin de compte.

Vous n'avez pas en ces banques de naïves victimes. Si donc vous pénétrez dans un de ces temples de Plutus, vous avez le droit et même le devoir de défendre votre argent avec énergie et de profiter de tous les avantages que votre sagacité vous permettra de découvrir et que votre prudence, votre sang-froid vous laisseront mettre à contribution.

Personne ne va dans une maison de jeux pour perdre à coup sûr. Tous ont l'espoir de gagner et n'y vont que dans ce but. On doit donc chercher et employer tous les moyens loyaux pour faire contrepoids à l'impôt du banquier et faire pencher la balance du côté du joueur.

Si vous agissez ainsi, vous diminuerez un peu les énormes bénéfices que les Banques retirent de la nervosité des autres joueurs. Peut-être les ferez-vous capituler devant vos combinaisons.

Si votre sûre méthode ruinait ces établissements qui se fermeraient tous, vous ne gagneriez plus; mais vous auriez la consolation d'avoir empêché bien des gens de se ruiner.

Je termine ce long préambule en adressant au lecteur mes plus sincères souhaits de le voir arriver à ce beau résultat.

Les Courses de Chevaux

Le Pari à la cote

DÉFINITION. — Je parie que tel cheval arrivera premier. Je donne une pièce au bookmaker qui tient le pari contre moi. Si le cheval n'arrive pas, j'ai perdu ma pièce, ma mise.

Si le cheval arrive premier, le bookmaker me donne cinq pièces (*ma mise comprise*), je dis que le cheval était à la cote 5.

Si contre deux pièces que je risque de perdre, le bookmaker me promet trois pièces (*ma mise comprise*) soit un bénéfice d'une pièce, le cheval est à la cote $\dfrac{3}{2}$.

MÉTHODE. — On peut gagner aux courses en pariant sur tous les chevaux partants.

CONDITION. — Il faut pour cela que la somme des inverses des cotes soit plus petite que l'unité. soient $a\ b\ c\ldots n$ les cotes des chevaux partants $A\,B\,C\ldots N$, il faut

$$\frac{1}{a} + \frac{1}{b} + \frac{1}{c} - - + \frac{1}{n} < 1$$

FORMULES.

1° On veut gagner la même somme quel que soit celui des chevaux partants qui arrive le premier au poteau.

Pour connaitre les mises, on réduit au même dénominateur les fractions représentant les inverses des cotes et la mise sur chaque cheval sera proportionnelle aux numérateurs des fractions nouvelles.

Soient m_a, m_b, m_c . . . m_n les mises sur les chevaux A B C . . . N, on aura en appelant S la somme des mises

$$\frac{m_a}{\frac{1}{a}} = \frac{m_b}{\frac{1}{b}} = \frac{m_c}{\frac{1}{c}} = \ldots \frac{m_n}{\frac{1}{n}} = \frac{S}{\frac{1}{a}+\frac{1}{b}+\frac{1}{c}+\ldots\frac{1}{n}}$$

2° On ne veut avoir du bénéfice que dans le cas où tel cheval arrivera premier et rentrer seulement dans tout l'argent parié dans le cas où l'un quelconque des autres chevaux gagnera la course.

On réduira au même dénominateur les fractions représentant les inverses des cotes des chevaux pour lesquels on sacrifie le gain, les mises sur ces chevaux seront des sommes proportionnelles aux numérateurs des nouvelles fractions. La mise sur le cheval favori sera proportionnelle à la différence entre le dénominateur commun et la somme des numérateurs des fractions correspondant aux chevaux sacrifiés.

On veut gagner sur le cheval A seulement, on aura:

$$\frac{m_a}{1-\left[\frac{1}{b}+\frac{1}{c}+\frac{1}{d}+\cdot+\frac{1}{n}\right]} = \frac{m_b}{\frac{1}{b}} = \frac{m_c}{\frac{1}{c}} = \ldots = S$$

Exemples: Soient trois chevaux partants:

A de cote 2/3;   B de cote 5;   C de cote 11

La condition

$$\frac{2}{3}+\frac{1}{5}+\frac{1}{11} = \frac{110}{165}+\frac{33}{165}+\frac{15}{165} = \frac{158}{165} < 1$$

est remplie. Les mises seront dans le premier cas:

110 fr. sur A   .   33 fr. sur B   -   15 fr. sur C.

ou bien ces sommes multipliées ou divisées toutes trois par

un même nombre, soit 55 f.-16 f. 50-7 f. 50 ou 330 f.-99f.-45f. Le bénéfice sera de 165 — 158 unités ou 7 unités quel que soit le cheval gagnant.

Dans le second cas, je ne veux gagner que si le favori A de cote 3/2 arrive premier.

La somme des inverses des cotes des chevaux B et C est

$$\frac{1}{5} + \frac{1}{11} + \frac{11}{55} + \frac{5}{55} = \frac{16}{55}$$

Comme 55 — 16 = 39, les mises seront:

sur A, 39 fr. - sur B, 11 fr. - sur C, 5 fr.

Si B ou C arrive premier, je rentre dans les 56 francs pariés sur les trois chevaux.

Si A arrive premier, je touche $\frac{39 \times 3}{2} = 58$ fr. 50 d'où un bénéfice de 3 fr 50.

En pariant des sommes 3 fois plus fortes 117 fr. 33 fr. 15 fr. le bénéfice en cas d'arrivée du cheval A sera trois fois plus fort, soit 10 fr. 50.

Où et quand peut-on jouer ainsi?

Le pari à la cote est autorisé en Angleterre, en Belgique, sur la plupart des hippodromes de province en France. Il est interdit à Paris et les environs.

La condition nécessaire que nous avons énoncée au début de ce chapitre sera-t-elle souvent remplie?

Oui, le plus souvent; en opérant avec plusieurs bookmakers, on pourra trouver pour tous les chevaux partants des cotes satisfaisantes.

En effet, il est une croyance générale, justifiée ou non, que, la plupart du temps les résultats des courses sont truqués et que ce n'est pas uniquement la valeur relative des chevaux qui détermine l'ordre de leur arrivée au poteau. Bien des gens pensent que le gagnant est désigné à l'avance entre les propriétaires ou entre les jockeys. A Paris, le Pari Mutuel n'accepte les mises que par écuries et non par cheval, depuis qu'un incident est venu faire éclater une fraude trop évidente.

Ces fraudes ne sont-elles que l'exception?

Comme je ne veux pas faire de peine aux hommes de cheval, je déclare ici que le préjugé est trop absolu et que, réellement. la plupart du temps les courses sont loyales.

Mais mon attestation, je le crains, ne détruira pas le préjugé.

Aussi, comme par le passé, les parieurs aux courses chercheront à se tuyauter et à connaitre le cheval qu'ils croiront désigné pour être premier.

Les bookmakers sont des parieurs également. Tous ne prennent pas leurs informations aux mêmes sources. D'où une première inégalité possible dans l'établissement des cotes. La concurrence est la seconde cause de variations des cotes.

En faisant un choix convenable des chevaux à prendre près de tel ou tel bookmaker, on arrive le plus souvent à obtenir pour tous les chevaux des cotes satisfaisant à la condition demandée. *Par exemple:*

Uu premier bookmaker offre le cheval A à la cote 3/2
et le cheval B à la cote 2
Un second bookmaker offre le cheval A à la cote 3
le cheval B à la côte 5/4
On ne peut traiter pour les deux chevaux avec un seul de ces bookmakers. En effet:

Pour le premier on a: $\dfrac{2}{3} + \dfrac{1}{2} = \dfrac{4}{6} + \dfrac{3}{6} = \dfrac{7}{6} > 1$

Pour le second on a: $\dfrac{1}{3} + \dfrac{4}{5} = \dfrac{5}{15} + \dfrac{12}{15} = \dfrac{17}{15} > 1$

Mais prenons A au deuxième bookmaker à la cote 3

B au premier bookmaker à la cote 2

On aura: $\dfrac{1}{3} + \dfrac{1}{2} = \dfrac{2}{6} + \dfrac{3}{6} = \dfrac{5}{6} < 0$

et on pariera   2 sur le cheval A

3 sur le cheval B

En fait, quand le pari à la cote était toléré sur les champs de course des environs de Paris, dans chaque réunion, il y avait deux ou trois courses où notre méthode pouvait s'appliquer et on pouvait gagner par jour de 50 à 75 0/0 du capital initial.

DU PARI MUTUEL

Nous ne pouvons utiliser nos règles précédentes au pari mutuel. L'effet du prélèvement effectué par l'administration sur le capital engagé dans chaque course est précisément de rendre irréalisable notre condition nécessaire.

DE L'ÉCARTÉ

La théorie mathématique de l'Écarté peut donner la manière de jouer pour tous les cas qui peuvent se présenter. Elle fera l'objet d'un livre spécial. Nous nous bornerons ici à un seul exemple.

A la première donne, vous avez deux atouts; devez-vous demander ou donner des cartes?

Il y a 31 chances sur cent pour que l'adversaire n'ait aucun atout;

45 chances pour cent pour qu'il ait 1 atout;
20 chances pour cent pour qu'il en ait 2.

Vous pouvez donc parier 96 contre 4 que l'adversaire n'aura pas plus de 2 atouts, 76 contre 24 qu'il n'en a pas plus d'un. En général vous avez donc un meilleur jeu que votre adversaire, vous devez donc refuser des cartes la plupart du temps. La vue des autres cartes ne vous laissera plus de doute. En particulier, il faudra jouer si vous avez deux fourchettes dont une d'atout, ou bien une fourchette d'atout et trois autres cartes d'une même couleur, etc,

Maintenant nous signalerons deux fraudes assez fréquentes. Vous devez refuser de jouer avec toute personne usant de ces moyens.

1° Un battage de cartes, même fait avec conscience ne déplace qu'un très petit nombre de cartes. Si on a pu remarquer un groupement de 4 ou 5 cartes quand les cartes étaient découvertes, on peut être assuré que ces cartes se retrouvent ensemble après le battage à une près au coup suivant. Si l'une de ces cartes se trouve alors dans votre jeu, vous pouvez en déduire la place des autres du même groupe et cette connaissance vous sera d'une grande utilité pour vous décider à donner ou à refuser des cartes ou pour jouer. Les joueurs qui possèdent une bonne mémoire, peuvent de ce fait acquérir une grande supériorité sur leurs adversaires moins doués sous ce rapport. En exigeant, selon la règle du jeu de l'Écarté et l'usage des cercles, deux jeux distincts, l'avantage de la mémoire est moindre. Mais il faut surveiller les adversaires qui ne battent pas les cartes et ceux qui, ayant mis les paquets dessous le jeu, battent les cartes de manère à ne pas déranger ces paquets, car là, il y a fraude et duperie.

2₀ Quelques joueurs, surtout des débutants, en battant les cartes, laissent voir par leur adversaire la dernière carte. Si celui-ci est plus scrupuleux, il coupera de manière à laisser au talon moins de onze cartes. La carte connue sera distribuée à la première donne. Si ledit adversaire n'a pas la carte dans son jeu, il sait qu'elle est dans le jeu contraire. La connaissance de cette carte est un avantage. Il faut donc éviter de montrer la dernière carte en battant et refuser de jouer avec celui qui coupe en laissant trop peu de cartes au talon.

LE BACCARAT

La spéculation est presque impossible pour le ponte au Baccarat, Quand vous n'avez pas la main, la mise, indiquée par votre combinaison peut ne pas marcher si les pontes précédents ont à eux seuls couvert la somme affectée à votre tableau. D'autre part, quand vous pourriez miser, le banquier peu donner la suite. Si elle n'est pas reprise, la taille étant brûlée vous êtes encore arrêté et vos calculs sont à recommencer.

L'effet de la cagnotte est désastreux pour le banquier.

Nous ne saurions trop recommander de ne pas prendre de banque à toute personne inexpérimentée, Car si un banquier exercé a de la peine à faire de bonnes affaires, les erreurs de tirage amène un décavage rapide.

Faut-il tirer à cinq?

Nous donnerons la réponse déduite de considération

mathématiques dans lesquelles nous n'entrerons pas ici.

1° Si le ponte est obligé de déclarer, au début de la partie ce qu'il fera sur le point cinq, il y a avantage à tirer à cinq.

2° Si comme dans la plupart des cercles, la ruse est permise, le ponte doit se tenir à cinq en faisant croire au banquier, s'il le peut, qu'il a l'habitude de tirer.

En conséquence, le joueur, qui a l'habitude de se tenir à cinq, qui a convaincu le banquier de cette habitude et qui s'y tient, commet une faute, car sa probabilité de perdre augmente d'environ 3/2 pour cent.

Le TRENTE-et-QUARANTE

Le trente-et-quarante se joue avec six jeux de 52 cartes, soit 312 cartes dont les points se comptent selon leur valeur, l'as comptant pour un, les figures pour dix.

On peut miser sur 4 chances deux à deux contraires:

La rouge gagne quand la noire perd et vice versa.

La couleur gagne quand l'inverse perd et vice versa.

Chaque rang doit comprendre au moins 31 points et au plus 40. La première rangée est pour noire, la seconde pour rouge. La rangée qui fournit le nombre de points le plus rapproché de trente (30) gagne.

Couleur gagne ou perd selon que la première carte de la première rangée est ou n'est pas de la même couleur que la rangée gagnante. Quand les deux rangs de cartes présentent le même nombre de points, il n'y a pas de résultat. Les pontes peuvent retirer les mises. Quand les deux rangs amènent simultanément 31 points, les pontes perdent la moitié de leurs mises.

La probabilité du refait de 31 est de   0, 0219686 soit environ 2, 20 pour cent.

Les pontes ont donc 1, 10 pour cent de chance de perdre une mise par suite du refait.

On peut s'assurer contre le refait en payant:

10 francs pour une mise de 1000 fr.

5 francs pour une mise de 500 fr.

Il y a donc avantage à s'assurer.

Les mises sur les chances gagnantes sont payées à égalité par la Banque.

Pour toutes les manières de faire succéder les mises, nous renvoyons le lecteur à l'étude de la roulette sur laquelle nous nous étendons plus longuement.

LA ROULETTE

La Roulette se compose d'un disque convexe en cuivre poli qui tourne sur son axe au fond d'une sorte de cuvette en bois d'acajou. Ce disque est mis en mouvement au moyen de deux barres en croix qui surmontent le pivot. Sa circonférence est garnie de 37 cases alternativement rouges et noires sur le fond de chacune desquelles est inscrit un numéro [1 à 36 et 0] dans l'ordre suivant:

o. **32**. 15. **19**. 4. **21**. 2. **25**. 17. **34**. 6. **27**. 13. **36**. 11. **30**. 8. **23**, 10. **5**. 24. **16**. 33. **1**. 20. **14**. 31. **9**. 22. **18**. 29. **7**. 28. **12**. 35. **3**, 36.

Les numéros en caractéres plus gras sont rouges.

Un moment après avoir dit: « *Messieurs, faites vos jeux* » c'est-à-dire après avoir laissé aux pontes un temps suffisant pour placer leurs mises, un croupier donne une impulsion au disque de la roulette, [le sens de cette impulsion change à chaque coup] et lance en sens contraire une bille d'ivoire contre la paroi interne de la cuvette. Quand la boule ralentit sa course, le croupier dit: « *Le jeu est fait* » pour prévenir qu'on ne pourra bientôt plus miser. La boule s'étant heurtée aux losanges de cuivre repoussé dont est garni le champ de la cuvette, le croupier dit: « *rien ne va plus* ». A partir de ce moment il n'est plus permis de ponter, de retirer une mise ou de la changer de place. Après quelques ricochets contre le losange de cuivre, la boule finit par tomber dans une des 37 cases. Le numéro de cette case indique les gagnants. Le croupier l'annonce.

ÉNUMÉRATION DES CHANCES

On appelle chance une combinaison des numéros qu'on peut englober avec une seule mise.

Il y a les chances simples et les chances multiples.

Les chances simples comprennent 18 numéros et sont ainsi appelées parce qu'en cas de gain sur elles, le bénéfice es t simplement égal à la mise.

Les chances simples sont:

Noir et Rouge   Pair et Impair

Manque et passe.

Numéros noirs: 2, 4, 6, 8, 10, 11, 13, 15, 17, 20, 22, 24, 26, 28, 29, 31, 33, 35.

Numéros rouges: 1, 3, 5, 7, 9, 12, 14, 16, 18, 19, 21, 23, 25, 27, 30, 32, 34, 36.

Numéros pairs: 2, 4, 6. 8, 10, 12, 14, 16, 18, 20, 22, 24. 26, 28, 30, 32, 34, 36.

Numéros impairs: 1, 3, 5, 7, 9, 11, 13. 15. 17, 19, 21, 23. 25, 27, 29, 31, 33, 35.

Les 18 premiers numéros (1 à 18) forment la chance " Manque"

Les 18 derniers numéros (19 à 36) forment la chance " Passe "

Ces dernières dénominations ont pour origine l'ancien jeu de passe-dix. Sont " MANQUE" les 18 numéros qui ne dépassent pas la moitié du plus fort numéro. Sont " PASSE" les 18 numéros qui surpassent cette série.

La cote des chances simples est 2. Les chances multiples sont:

Nombre de chances	DÉSIGNATIONS	Nombre Nᵒˢ Englobés	Bénéfices	COTES
37	Le Numéro plein	1	35	36
60	Le Cheval	2	17	18
14	La Transversale simple	3	11	12
23	Le Carré	4	8	9
11	La Transversale double	6	5	6
3	La Douzaine	12	2	3
3	Les Colonnes	12	2	3
2	2 douzaines à cheval	24	1/2	3/2
2	2 colonnes à cheval	24	1/2	3/2

LE ZÉRO.

Quand la boule tombe dans la case du zéro. ont gagné seulement:

Le plein zéro — Les chevaux 0-1, 0-2, 0-3
Les transversales pleines 0-1-2, 0-2-3 — Le carré 0-1-2-3

Les mises placées sur les autres chances multiples sont perdues. Les mises placées sur les chevaux simples sont mises en prison, c'est-à-dire posées sur une ligne tracée sur le tableau. Elles rentrent en jeu si la boule suivante amène les chances sur lesquelles elles ont été placées. Elles sont perdues, si cette boule amène les chances contraires.

Si le ponte ne veut pas attendre le coup suivant, Il peut faire partager sa mise, c'est-à-dire en retirer la moitié en abandonnant définitivement l'autre moitié à la banque.

EFFET DU ZÉRO

Pour une pièce placée sur un numéro plein, la Banque donnera au gagnant 36 pièces y compris la mise. Si donc les 37 numéros étaient couverts par des mises égales, la Banque toucherait à chaque coup 37 et paierait 36.

L'impôt prélevé par la Banque est donc de 1/37 soit 2.70 pour cent.

Pour le ponte qui joue sur les chances simples, comme l'arrivée du zéro ne lui fait perdre que la moitié de sa mise, l'impôt du zéro est donc réduit de moitié. Il n'est plus que de 1/74 soit 1.35 pour cent.

Le calcul des Probabilités affirme que, dans tout jeu équitable, c'est-à-dire dans tout jeu où il n'existe pas d'impôt, le joueur à capital limité se ruinera certainement s'il joue avec un adversaire à capital illimité. Il faudrait en conclure que la banque sans zéro ni refait se ruinerait sûrement quel que soit son capital, puisque son adversaire est le Public dont le capital se renouvelle sans cesse.

Or dans quelques cercles de Belgique le zéro est supprimé et les Banques font de bonnes affaires.

Ce n'est donc pas le zéro qui fait la ruine des joueurs, mais leur manière de jouer.

S'il existe une manière de miser qui fasse perdre certainement, existe-t-il une manière de gagner à coup sûr?

Nous allons étudier les principaux systèmes préconisés jusqu'à ce jour.

MAXIMUMS & MINIMUMS

Auparavant voyons entre quelles limites nous pouvons faire varier nos mises.

A Monte-Carlo le minimum à la roulette est de 5 fr.

En Belgique, ce minimum est généralement de 2 fr,
(Spa, Namur, Dinand, Etc.(.

Il est de 5 fr. à Ostende, de 1 fr. à Mons.

Presque partout la mise maximum est de 6000 fr. sur les chances simples. Cependant elle est de 2400 fr en certains endroits, de 12000 et même de 25000 en d'autres.

En prenant 6000 francs pour maximum sur les chances simples, les maximums sur toutes les mises seraient:

DÉSIGNATIONS	Maximum en Pièces de				BÉNÉFICE
	1 Fr	2 Fr	5 Fr	20 Fr	
Chancé simple	6000	3000	1200	300	6000
Numéro plein	180	90	36	9	6300
Cheval	360	180	72	18	6120
Transversale simple	560	280	112	23	6160
Carré	760	380	152	38	6080
Transversale double	1200	600	240	60	6000
Douzaine ou Colonne	3000	1500	600	150	6000
2 douz. à cheval ou 2 colonnes à cheval	12000	6000	2400	600	6000

La Banque peut exiger que le maximum même réparti sur deux chances pouvant gagner ensemble ne soit pas dépassè.

Si elle admet une mise plus élevée, elle est tenue de la payer.

Si la Banque acceptait le coup, la plus forte somme qu'on pourrait toucher en une fois s'élèverait à 115.260 fr. avec une mise de 55.660 fr. et ce en mettant les maximums sur toutes les chances dont f·rait partie un numéro cherché.

LA MASSE ÉGALE

Cette méthode consiste à adopter une mise et à ne jamais la changer. Pour gagner avec ce système à gain et perte limités, il faut connaître un moyen de gagner quelques points sur la Banque.

LE PAROLI

Le Paroli consiste à jouer une certaine mise puis à placer pour le coup suivant la mise première et le gain obtenu

Ce système à perte limitée et gain illimité peut parfois donner de bons résultats quand on tombe sur une série.

Mais il est à craindre que la compensation, puis la perte ne surviennent.

Puisque, si l'on gagne davantage (*trois fois plus pour un paroli unique*) on a une probabilité trois fois plus grande de perdre.

LA MARTINGALE

Ce système à gain limité et à perte illimitée consiste à miser l'unité sur les coups de gain et à doubler constamment la mise sur les coups de perte

Un seul coup de gain rachète toutes les pertes précédentes et donne une pièce de bénéfice.

Ce système séduit au premier abord, mais il présente l'inconvénient d'exiger des mises promptement considérables si on rencontre une série un peu longue et bientôt on est arrêté par le maximum.

Nombre de coups de perte

1	2	3	4	5	6	7	8	9	10	11	12

Mises

1	2	4	8	16	32	64	128	256	512	1024	2048

Perte totale après chaque coup

1	3	7	15	31	63	127	255	511	1023	2047	4095

A l'unité de 5 fr. on peut supporter une série contraire de 10 coups, mais il faut un capital de 10.235 fr.

A l'unité de 2 f. on peut supporter une série contraire de 11 coups avec un capital de 8190 fr.

Si on joue sur rouge par exemple et qu'on ne rencontre pas de séries à la noire de 11 ou 12 coups selon l'unité adoptée, on réalisera par cette méthode un gain de une pièce par coup de gain, soit un gain moyen de 1/2 pièce par boule.

Supposons 2 joueurs A et B, le premier jouant sur la noire. le second sur la rouge, tous deux martingalant sur leurs coups de perte respectifs, et soit un troisième joueur C jouant la différence entre les mises de A et de B sur la couleur correspondant à la plus forte de ces deux mises. C exposera chaque fois 2 pièces de moins que A et B ensemble, chaque zéro lui coûtera donc une pièce de moins.

Il ne sera contre la série sortante qu'à la seconde boule de cette série.

Malgré ces avantages, il gagnera autant qu'eux deux à la fin, soit exactement une pièce par boule.

Cette marche de C peut se formuler ainsi: jouer une pièce contre la couleur sortante; en cas de perte, jouer constamment sur la couleur contraire à celle de la dernière boule sortie en employant les termes de la suite.

Mises successives: 1 3 7 15 31 63 127 255 511 1023 2047.
Perte totale 1 4 11 26 57 120 247 502 1013 2036 4083

Le saut est amené comme dans la marche sur une seule couleur par une Série de 11 ou 12 boules de même couleur selon l'unité mais la perte totale dans ce cas est de 10180f. au lieu de 10235f. de 8166 au lieu de 8190f.

Nous venons de voir que l'effet du zéro est diminué par notre seconde marche. Nous nous arrêterons un moment sur ce sujet et nous indiquerons deux exemples de perte par le zéro que nous avons vu se produire très souvent et qu'un peu de réflexion aurait fait éviter.

1ʳ Pierre et Paul sont deux amis qui jouent à la même table, ils ne sont pas d'accord sur la couleur à jouer. Pierre espère l'intermittence après une rouge sortie et veut mettre 600 francs sur noire. Paul joue la série et risque 300 f. sur noire

Ils ne doivent pas jouer séparément. Ils doivent s'entendre et l'un d'eux, Pierre par exemple jouera sur rouge 300 fr. c'est-à-dire la différence des deux mises séparées.

Si la rouge sort, Pierre touchera 300 fr. de la Banque et 300 fr. de Paul qui les aurait perdus sur noire.

Si la noire sort, Pierre versera à Paul 300 fr. le gain de Paul sera bien de 300 fr. la perte de Pierre de 600 comme si les mises avaient été séparées.

Mais le zéro vient. La Banque au lieu de gagner 450 fr. sur les deux amis ne gagnera que 150 f. c'est 300 fr. que ceux-ci auront ainsi sauvés. Paul versera 50 fr. à Pierre qui retirera du tapis 150 fr. Paul perdra donc 50 fr. au lieu de 150 fr. Pierre perdra donc 100 fr. au lieu de 300 fr. On voit que l'avantage est sensible.

2° Un ponte veut placer 4000 fr. à cheval sur la première et la deuxième douzaine. Ce serait une faute grave, Il doit miser

3000 fr. sur manque

et 1000 fr. sur la transversale double 19-24.

En cas de sortie d'un numéro de 1 à 36, le résultat est lé même que s'il avait suivi sa première idée.

Mais le zéro vient, au lieu de perdre 4000 fr. il ne perd que 2500, car il retire 1500 fr. de sa masse partagée à Manque.

La Probabilité du saut à la Martingale est de

Pour la série de 11 $\dfrac{1}{2057}$ pour la série de 12 $\dfrac{1}{4106}$

Le "TIERS et le TOUT" La "PHILIBERTE"

Ces systèmes ne sont pas autre chose que la Martingale limitée à ses deux premiers termes ou à ses trois premiers termes.

MARTINGALE sur les CHANCES MULTIPLES

On peut jouer sur les chances multiples des mises successives telles qu'un seul coup de gain rachète les coups de perte précédents. La Martingale:

1 1 1 2 3 4 6 9 14 21 31 47 70 105 158 237 355 533 799 1199

peut s'employer sur les douzaines et sur les colonnes. Elle permet de supporter une série de 17 coups contraires, à l'unité de 5 fr. avec un capital de 7990 fr. une série de 19 coups contraires à l'unité de 2 fr. avec un capital de 7192 francs.

La Martingale la plus simple sur le numéro plein permettra de supporter 148 coups contraires à l'unité de 5 fr. avec un capital de 6405 fr. - de 180 coups contraires, à l'unité de 2 fr. avec un capital de 6332 francs.

Les MONTANTES

Les Montantes rachètent les pertes précédentes non pas en un seul coup comme la Martingale, mais en plusieurs coups.

MONTANTE de D'ALEMBERT

En admettant qu'au bout d'un nombre de boules assez grand, les couleurs contraires doivent sortir à peu près le même nombre de fois, si on augmente la mise d'une pièce après chaque coup de perte, si on la diminue au contraire d'une pièce après chaque coup de gain, quand l'équilibre se produira, les coups de gain seront en même nombre que les coups de perte, mais à chaque mise gagnante correspondra une mise perdante plus faible d'une unité. On aura réalisé un bénéfice d'une demi-pièce par boule.

La Montante d'Alembert permet de supporter un certain écart; mais l'écart proportionnel doit être d'autant plus faible que le nombre de boules jouées est plus grand.

Sur   10 boules on peut supporter un écart de 2 boules
«   100   -   -   -   -   9 «
«   1000   -   -   -   -   30 «
« 10000   -   -   -   -   99 «

Soient N le nombre total des boules jouées, d la différence des nombres de boules de couleur contraire, il faut:

$$d < -1 + \sqrt{N+1}$$

Sur 5328 boules, l'écart doit être inférieur à 1/74 d
nombre total, c'est-à-dire inférieur à l'écart moyen produit pa
le zéro.

D'autre part si l'écart est plus grand que l'écart maxi
mum indiqué par la formule, la perte peut être considérable.

Sur 600 boules nous avons 250 boules d'une couleu
et 350 de la couleur contraire, soit un écart de 100 boule
la perte sera de 4800 pièces, soit 24000f. à l'unité de 5 fr
en la vertu de la formule.

$$\text{Perte} = \frac{(d+1)^2 - (N+1)}{2}$$

MONTANTE de LAMÉ

Nous appellerons ainsi la montante pour laquelle le
mises seront les termes de la suite de LAMÉ.

1. 2. 3. 5. 8. 13. 21. 34. 55. 89. 144. 233. 377. 610. 987. 1597. 2584

Après un coup de perte, la mise sera le terme de cette
suite venant immédiatement après le dernier terme employé
en cas de gain, on descend de deux termes.

Boules — — — — — — — + + — — + + — +
Mises 1. 2. 3. 5. 8. 13. 34. 55. 13. 5. 8. 13. 5. 2. 3.

Il y a eu 10 coups de perte annulés par 5 coups de gain.

Cette montante permet donc de supporter des écarts

assez considérables:

Le saut aura lieu quand le nombre de coups de perte dépassera de 15 ou de 16 (selon l'unité) le double du nombre des coups de gain.

Du DÉFAUT de la ROULETTE.

Tous les systèmes précédemment étudiés exigent, pour procurer un bénéfice sûr, qu'on ait trouvé le moyen de mettre de son côté un plus grand nombre de boules que celui indiqué par le calcul des probabilités.

C'est dans l'étude du défaut de la Roulette qu'on pourra trouver la solution de ce problème.

La Roulette est un instrument de précision, mais quels que soient les soins qu'on apporte dans sa construction, chaque roulette a un défaut que l'usage ne fait qu'accentuer.

Ce défaut a pour effet d'amener l'arrivée plus fréquente de certains numéros ou d'écarter certains autres.

En étudiant ce défaut, une Société italienne était arrivée à enlever à la Banque de Monte-Carlo une somme de plusieurs millions.

Quelques précautions ont été prises par les Banques pour parer à la méthode des Italiens, (*déplacements quotidiens des tables, rubans mobiles, etc.*) mais rien n'a pu supprimer les défauts et un joueur patient et intelligent peut avec une bonne méthode gagner une fortune en les exploitant.

Par exemple en jouant l'unité sur chacun des deux premiers numéros que vous avez vus se répéter, vous pourrez le plus souvent réaliser un bénéfice très convenable.

Mais une méthode rationnelle existe au moyen de laquel
vous êtes amenés mécaniquement à miser de telle façon que
défaut vous fasse gagner; la perte étant insignifiante si, p
impossible, le défaut n'existe pas, et le gain suivant une pr
gression vertigineuse si le défaut est accentué.

L'explication de cette méthode fera l'objet d'un deuxièm
volume.